Blechkuchen ohne Schnickschnack

EDITION XXL

Inhalt

Vorwort

Wenn wir von Blechkuchen reden, entstehen vor unserem geistigen Auge Bilder aus unserer Kindheit: von gemütlichen Kaffeerunden am Wochenende, Familienfesten und Kindergeburtstagen. Und unweigerlich steigt uns der verführerische Duft eines frisch gebackenen Kuchens in die Nase!

Blechkuchen sind ein Stück Glück, das wir uns auch in der heutigen hektischen Zeit öfter mal gönnen sollten. Aber in vielen Familien sind die ***Rezepte aus Omas Backstube*** nicht mehr vorhanden. Deshalb habe ich in diesem Buch für Sie die schönsten Rezepte zusammengestellt, mit denen Sie sich schnell und einfach die guten alten Zeiten in Form eines leckeren Blechkuchens auf den Tisch holen können. Wie wäre es z.B. mit einem ***klassischen Apfelkuchen***, dazu ein Klecks ***frisch geschlagene Sahne***, oder einem erfrischenden ***Käsekuchen mit Mandarinen***? Sie mögen lieber Herzhaftes? Dann backen Sie doch einen würzigen ***Zwiebelkuchen mit Speck*** …

Die ausgewählten Rezepte sind alle einfach nachzubacken. Einige erfordern ein wenig mehr Aufwand, wenn z. B. Teig und Füllung getrennt zubereitet werden müssen. Auch bei den Zutaten habe ich darauf geachtet, dass sie leicht zu beschaffen sind – wenn Sie sie nicht sowieso bereits vorrätig haben.

Stürzen Sie sich ins Backvergnügen und freuen Sie sich darauf, wenn es dann vielleicht heißt: ***Der schmeckt ja wie früher!***

Viel Spaß beim Backen wünscht Ihnen Ihre

Elisabeth Bangert

Rund ums Backen

Der Backofen

Bei allen Herdarten lässt sich die Temperatur des Backofens heutzutage genau einstellen und man braucht nur die Backzeit zu überprüfen. Jedoch ist jeder Ofen genau genommen ein Unikat. Selbst zwei gleiche Backöfen aus derselben Baureihe eines Herstellers können unterschiedliche Backeigenschaften haben. Doch mit der Zeit lernt man seinen Backofen kennen und weiß dann, wie er einzustellen ist.

Backbleche

Backbleche werden beim Kauf eines Ofens in der Regel mitgeliefert, sie können aber auch nachgekauft werden. Sie werden aus verschiedenen Materialien hergestellt. Für den Elektrobackofen sind insbesondere emaillierte Backbleche aus Stahl gut geeignet, da sie die Hitze gleichmäßig aufnehmen und verteilen. Die emaillierte Oberfläche ist im Hinblick auf chemische Reaktionen mit Lebensmitteln unbedenklich. Bleche aus Aluminium sollten zur Vermeidung eventueller chemischer Reaktionen vor dem Belegen mit Backwaren stets mit Backpapier ausgekleidet werden.

Bei der Verwendung von beschichteten Backblechen sollten diese vor jedem Einsatz überprüft werden. Sollte die Beschichtung beschädigt sein, ist von einer weiteren Verwendung abzuraten oder die Auskleidung mit Backpapier zu empfehlen.

Für die Rezepte im vorliegenden Buch sind die beim Kauf des Herdes mitgelieferten flachen Bleche gut geeignet. Wer kleinere Mengen backen möchte, kann einfach einen verstellbaren Tortenring aus Metall auf das Backblech stellen oder eine Springform verwenden. Für Kuchen mit saftigem Obst (Heidelbeeren, Kirschen oder Zwetschgen) ist ein Blech mit hohem Seitenrand empfehlenswert.

Backzutaten

Die wichtigsten Backzutaten, die man zu Hause haben sollte:

- Backaromen: Z. B. Bittermandel, Buttervanille, Rumaroma und Zitrone. Diese sind in kleinen Ampullen erhältlich und sehr lange haltbar.
- Backhefe: Als Vorrat eignet sich nur Trockenhefe.
- Backpulver: Ein Triebmittel, das anstelle von Hefe verwendet wird, meist Natriumhydrogencarbonat.
- Butter: Ausgezeichneter Geschmacksträger, der in etwa die gleichen Kalorien wie pflanzliche Fette hat. Bei Rezepten, in denen Butter ausdrücklich erwähnt wird, sollte sie besser nicht durch Margarine ersetzt werden.
- Margarine: Gut geeignet zum Backen. Jedoch können nicht alle Margarinesorten (insbesondere wenn sie einen hohen Anteil an ungesättigten Fettsäuren haben) zum Backen verwendet werden.
- Eier: Zum Backen sollten nur frische Eier verwendet werden. Die Eier einzeln aufschlagen und überprüfen.

- Kartoffelmehl: Eine aus Kartoffeln gewonnene Speisestärke.
- Kuvertüre oder Blockschokolade: Erhältlich in verschiedenen Sorten wie Bitter-, Vollmilchschokolade oder weiße Schokolade.
- Mehl: In der Regel wird Weizenmehl Type 405 verwendet. Das Mehl vor der Zugabe zu den anderen Zutaten stets sieben. Dadurch wird die Bildung von Klumpen vermieden und der Teig wird lockerer.
- Rosinen: Sie sollten vor der Verwendung immer gewaschen und getrocknet werden.
- Vanillezucker: Empfehlenswert zur geschmacklichen Abrundung vieler Teigarten.
- Zucker: In der Regel verwendet man zum Backen Zuckerraffinade oder Puderzucker.

Praktische Helfer

Wenn der Kuchen oder das Gebäck gelingen soll, ist es wichtig, das richtige Werkzeug griffbereit zu haben. Man sollte auf jeden Fall folgende Geräte zu Hause haben:

- eine Küchenwaage zum Abwiegen der Zutaten
- einen Messbecher mit kleiner Einteilung
- Rührschüsseln, am besten aus Kunststoff, mit abgerundetem Boden
- Rührlöffel in verschiedenen Größen sowie eine Lochkelle (Rührlöffel mit durchlochtem Blatt)
- Schneebesen in verschiedenen Größen
- ein feines Metallsieb, zum Sieben von Mehl
- Teigschaber, Kuchenpinsel, Nudelholz
- ein leistungsstarkes Handrührgerät mit Rührbesen und Knethaken

Löffelmaße

Die nachstehende Tabelle soll eine Hilfe für das Abmessen kleinerer Mengen sein:

10 g Weizenmehl = 1 gestrichener Esslöffel
20 g Weizenmehl = 1 gut gehäufter Esslöffel
5 g Stärkemehl = 1 gestrichener Teelöffel
10 g Stärkemehl = 1 gestrichener Esslöffel
15 g Stärkemehl = 1 gehäufter Esslöffel
3 g Backpulver = 1 gestrichener Teelöffel
10 g Puderzucker = 1 gehäufter Teelöffel
15 g Zucker = 2 gestrichene Teelöffel
5 g Kakao = 1 gestrichener Esslöffel
10 g Semmelbrösel = 1 gestrichener Esslöffel
125 ml (⅛ l) Milch = 8 Esslöffel
15 g Butter = 1 gestrichener Esslöffel
5 g Salz = 1 gestrichener Teelöffel

Bevor Sie mit dem Backen beginnen

Bevor Sie sich an die Arbeit machen, sollten Sie das Rezept zuerst genau durchlesen und nachvollziehen. Wenn Sie Gäste erwarten und nichts schiefgehen darf, ist es ratsam, das Rezept vorher schon einmal auszuprobieren.

Tipp:

Für Menschen mit Glutenunverträglichkeit ist in der Zwischenzeit ein Angebot an glutenfreien Mehlsorten im Handel erhältlich, die sich sowohl für süße als auch für herzhafte Gebäcke eignen.

Der Rührteig (Grundrezept)

Zutaten:

250 g weiche Butter
oder Margarine
1 unbehandelte Zitrone
250 g Zucker
4 Eier
500 g Mehl
1 Päckchen Backpulver
200 ml lauwarme Milch

Vorbereitung:

Alle Zutaten vorher abwiegen und bereitstellen. Das erleichtert die Arbeit sehr und man kann sicher sein, keine Zutat vergessen zu haben. Den Backofen auf 180 °C (Umluft 160 °C) vorheizen.

Zubereitung:

1. Die zimmerwarme, weiche Butter in eine Rührschüssel geben.

2. Mit dem Handrührgerät (Rührbesen) die Butter 1 Minute lang schaumig rühren.

3. Die Schale der Zitrone abreiben und mit dem Zucker unter Rühren langsam einrieseln lassen.

4. Nach und nach die Eier unterrühren. Die Eier sollten Zimmertemperatur haben und zuvor einzeln in einer Tasse aufgeschlagen und auf ihren Frischegrad überprüft werden.

5. Jedes Ei etwa eine halbe Minute in der Masse verrühren, bevor das nächste hineingegeben wird. Den Teig so lange durchrühren, bis auch das letzte Ei gleichmäßig verrührt ist.

6. Das Mehl und das Backpulver sieben und in 2–3 Portionen abwechselnd mit der Milch auf die Teigmasse geben. Die Milch sollte Zimmertemperatur haben.

7. Die Milch und das Mehl portionsweise unterrühren.

8. Den Teig noch einmal gründlich durchrühren, am besten mit einer Lochkelle.

9. Die fertige Teigmasse auf ein gefettetes Backblech geben. Teigreste mit einem Teigschaber aus der Rührschüssel schaben.

10. Jetzt kann der Teig z. B. mit Äpfeln, Mirabellen oder sonstigem Obst belegt werden. Beim Backen quillt der Teig leicht über die Früchte. Man erhält einen „versunkenen" Kuchen. Im vorgeheizten Backofen ca. 30–45 Minuten backen (je nach Belag).

Der Biskuitteig
(Grundrezept für Wiener Biskuit)

Zutaten:

5 Eier
150 g Zucker
1 Päckchen Vanillezucker
1 Prise Salz
100 g Mehl
75 g Speisestärke
80 g Butter oder Margarine
evtl. 2 TL Kakao

Vorbereitung:

Die Zutaten sollten vorab abgewogen und bereitgestellt werden. Es erleichtert die Arbeit sehr, wenn alles vor dem Zusammenrühren der Zutaten griffbereit ist. Vielleicht fehlt noch etwas Wichtiges, das vor Arbeitsbeginn beschafft werden muss. Den Backofen auf 200 °C (Umluft 180 °C) vorheizen.

Zubereitung:

1. Die Eier einzeln in einer Tasse aufschlagen und in die Rührschüssel geben. Sollte ein Ei nicht mehr frisch sein, kann es noch rechtzeitig ersetzt werden, ohne dass bereits aufgeschlagene Eier in Mitleidenschaft gezogen werden. Eier mit älterem Legedatum erkennt man am dünnflüssigen Eiweiß. Ist der Geruch unauffällig, kann man auch ein nicht mehr ganz frisches Ei noch verwenden. Frische Eier sind aber unbedingt zu bevorzugen. Zu den Eiern den Zucker, den Vanillezucker und das Salz geben.

2. Einen Topf mit heißem Wasser auf der Herdplatte warm halten. Die Rührschüssel mit den Eiern und dem Zucker hineinstellen. Nun mit einem Handrührgerät (Rührbesen) Zucker und Eier im warmen Wasserbad so lange rühren, bis eine schaumige Masse entsteht. Danach die Schüssel aus dem Wasserbad nehmen und die Masse unter Rühren abkühlen lassen. Durch diese Zubereitungsweise gelangt Luft in die Masse, die das Backpulver ersetzt. Die Masse muss nun rasch weiterverarbeitet werden, damit die eingeschlagene Luft als „Triebmittel“ zur Auflockerung des Teigs nicht entweicht.

3. Mehl und Speisestärke sieben und langsam mit einem Rührlöffel unterheben. Dazu eignet sich am besten eine Lochkelle (Rührlöffel mit durchlochtem Blatt). Danach die Butter oder Margarine schmelzen und einrühren. Soll der Biskuitteig eine dunkle Farbe bekommen, kann etwas Kakaopulver eingerührt werden, das vor dem Zufügen ebenfalls gesiebt werden muss – am besten mit einem Kaffeesieb.

4. Die fertige Masse sofort auf ein eingefettetes oder mit Backpapier ausgelegtes Blech geben und glatt streichen. Im vorgeheizten Backofen ca. 15–20 Minuten backen.

Tipps zur Weiterverarbeitung des Biskuitteigs

- Den gebackenen Teig auf ein Geschirrtuch stürzen und das Backpapier vorsichtig abziehen.
- Je nach Art der Weiterverarbeitung lässt man den gebackenen Teig auskühlen und belegt ihn dann z. B. mit Obst.
- Möchte man eine Biskuitrolle herstellen, sollten ein paar Kleinigkeiten beachtet werden: Falls der gebackene und bereits erkaltete Teig zu fest ist, legt man ein feuchtes Geschirrtuch darauf. Die Feuchtigkeit zieht in den Biskuit ein und macht ihn formbar. Er lässt sich dann problemlos rollen.
- Ist der Teig nach dem Backen zu weich (die Beschaffenheit kann durch Drücken mit der flachen Hand ermittelt werden), sollte er mithilfe eines leicht feuchten Geschirrtuchs noch warm aufgerollt werden. Die Feuchtigkeit verhindert ein Festkleben des Teigs am Geschirrtuch. Der abgekühlte Biskuit kann mit geschlagener Sahne und Früchten oder verschiedenen Cremes gefüllt oder auch einfach nur mit Marmelade bestrichen und dann aufgerollt werden.

Der Hefeteig (Grundrezept)

Zutaten:

500 g Mehl
1 Würfel Frischhefe
125 ml lauwarme Milch
50 g Zucker
150 g weiche Butter oder Margarine
½ TL Salz
2 Eier

Vorbereitung:

Alle Zutaten abwiegen und bereitstellen. Das erleichtert die Arbeit sehr. Während der Teig aufgeht, kann der Belag vorbereitet werden. Den Backofen auf 200 °C (Umluft 180 °C) vorheizen.

Zubereitung:

1. Eine große Schüssel leicht anwärmen, das Mehl hineinsieben und in die Mitte eine Mulde drücken. Die frische Hefe hineinbröckeln.

2. Die Hefe mit der Hälfte der lauwarmen Milch übergießen und eine Prise Zucker hinzufügen.

3. Hefe und Milch mit etwas Mehl vom Muldenrand zu einem Vorteig verrühren.

4. Die Schüssel mit einem sauberen Geschirrtuch abdecken und den Vorteig an einem warmen, zugfreien Ort ca. 20 Minuten gehen lassen, bis der Teig Blasen wirft.

5. Nun die weiche Butter, den Zucker, das Salz, die restliche Milch und die Eier dazugeben. Alles gut vermengen und sorgfältig durchkneten, bis der Teig geschmeidig ist und sich von der Schüsselwand löst.

6. Den Teig herausnehmen und auf der Arbeitsfläche nochmals kräftig durchkneten.

7. Eine Schüssel mit Mehl ausstäuben und den Teig hineinlegen. Mit einem Geschirrtuch abgedeckt weitere ca. 25 Minuten an einem warmen, geschützten Ort (z. B. im Backofen bei 50 °C) gehen lassen, bis sich die Teigmenge verdoppelt hat.

8. Den Teig auf einer bemehlten Arbeitsfläche mit einem Nudelholz in der Größe des Backblechs ausrollen. Das Backblech einfetten.

9. Den Teig aufrollen, an einer Seite des Blechs anlegen und wieder ausrollen. Wenn der Teig nicht genau passt, kann man ihn mit der flachen Hand etwas zurechtschieben.

10. Vor dem Backen mit einer Gabel merhmals in den Teig stechen. Dann nochmals ca. 20 Minuten gehen lassen. Nach dem zweiten Aufgehen sollte der Teig sofort gebacken werden – je nach Belag im vorgeheizten Backofen ca. 40 Minuten.

Der Mürbeteig (Grundrezept)

Zutaten:

100 g Zucker
200 g Butter
300 g Mehl

Die Zutaten lassen sich nach folgender Grundregel in der Menge sehr leicht verändern: Das Verhältnis von Mehl : Butter : Zucker entspricht 3 : 2 : 1.

Vorbereitung:

Bei der Zubereitung dieses Teigs ist es wichtig, dass alle Zutaten kalt sind und schnell verarbeitet werden. Vor Beginn am besten die Hände mit kaltem Wasser waschen. Den Backofen auf 180 °C (Umluft 160 °C) vorheizen.

Zubereitung:

1. Die Butter und den Zucker zügig miteinander vermischen, am besten mit den Händen auf einer großen Arbeitsplatte.

2. Die Butter durchkneten, bis der Zucker gleichmäßig eingearbeitet ist.

3. Das Mehl auf die Butter-Zucker-Masse sieben und mit dem Teigschaber oder den Händen zügig einarbeiten.

4. Den Teig so lange bearbeiten, bis kein Mehl mehr auf der Arbeitsfläche zurückbleibt.

5. Die Teigkugel mit einem Teigschaber öffnen, um zu prüfen, ob noch Mehlspuren vorhanden sind. Anschließend den Teig wieder zusammenkneten, in Alufolie wickeln und ca. 1 Stunde im Kühlschrank ruhen lassen.

6. Den gekühlten Teig nochmals kurz durchkneten und mit einem Nudelholz auf einer bemehlten Arbeitsplatte rasch auf die Größe des Backblechs ausrollen.

7. Den ausgerollten Teig mit Mehl bestäuben und zusammenrollen. So lässt er sich leichter auf das Backblech transportieren.

8. Die Teigrolle auf einem nicht eingefetteten Backblech ausrollen und mit einer Gabel mehrmals einstechen. Im vorgeheizten Backofen je nach Belag ca. 40 Minuten backen.

Der Quark-Öl-Teig

Zutaten:

200 g Magerquark, 100 g Zucker
8 EL Öl, 6 EL Milch
300 g Mehl, 1 Päckchen Backpulver
1 Prise Salz

Oft wird der Quark-Öl-Teig wegen seiner ähnlichen Zubereitung dem Mürbeteig zugeordnet. Er ist in ca. 7 Minuten einfach und schnell herzustellen, sollte vor der Weiterverarbeitung jedoch mindestens 2 Stunden im Kühlschrank ruhen.

Zubereitung:

Den Quark in einem Sieb gut abtropfen lassen. Mit dem Zucker, dem Öl und der Milch verrühren. Das Mehl und das Backpulver vermischen, darübersieben, 1 Prise Salz zufügen und alles mit dem Rührlöffel verrühren. Mit den Händen rasch zu einem Teig verkneten, damit der Teig nicht warm wird. Eine Teigkugel formen, in Backpapier oder Alufolie einwickeln und über Nacht im Kühlschrank ruhen lassen.
Am nächsten Tag den Teig auf einer gut bemehlten Arbeitsfläche ausrollen und weiterverarbeiten. Bei etwa 200 °C (Umluft 180 °C) je nach Belag ca. 40 Minuten backen.

Schokoladenkuchen mit Kirschen

Rührteig

Zutaten:

300 g weiche Butter oder Margarine
300 g Zucker
4 Eier
180 g gemahlene Mandeln
60 g Mehl
100 g Kakaopulver

Außerdem:
Puderzucker zum Bestäuben
Schlagsahne und frische Kirschen

Zubereitung:

1. Den Backofen auf 180 °C vorheizen.

2. Die Butter mit dem Zucker cremig rühren. Die Eier nacheinander dazugeben und die Masse schaumig schlagen. Die Mandeln, das Mehl und das Kakaopulver vermischen und unter die Butter-Eier-Creme heben.

3. Auf ein mit Backpapier ausgelegtes Backblech geben, glatt streichen und auf der untersten Schiebeleiste ca. 30 Minuten backen. Mit einem Holzstäbchen in die Mitte des Kuchens stechen: Wenn kein Teig mehr daran kleben bleibt, den Kuchen herausnehmen und auskühlen lassen.

4. Den Kuchen mit Puderzucker bestäuben, in rechteckige Stücke schneiden und nach Belieben mit geschlagener Sahne und frischen Kirschen servieren.

Rhabarberkuchen

Rührteig

Zutaten:

1 kg Rhabarber
200 g weiche Butter oder Margarine
200 g Zucker
1 Päckchen Vanillezucker
abgeriebene Schale von 1 unbehandelten Zitrone
4 Eier
250 g Mehl
2 TL Backpulver
1 TL Zimt

Zubereitung:

1. Den Rhabarber putzen und in 2–3 cm lange Stücke schneiden.
2. Den Backofen auf 180 °C (Umluft 160 °C) vorheizen.
3. Die Butter mit dem Zucker, dem Vanillezucker und der Zitronenschale cremig rühren. Die Eier nacheinander hinzugeben und die Masse schaumig schlagen.
4. Mehl mit Backpulver und Zimt vermischen und unter die Butter-Eier-Masse rühren.
5. Die Hälfte des Teigs auf ein gefettetes Backblech streichen. Die Rhabarberstücke gleichmäßig darauflegen und den restlichen Teig darüber verteilen. Auf der mittleren Schiebeleiste ca. 30 Minuten backen.
6. Den Kuchen abkühlen lassen und in Stücke geschnitten servieren.

Apfelkuchen

Hefeteig

Zutaten:

250–300 ml Milch
500 g Mehl
1 Würfel Frischhefe oder
1 Päckchen Trockenhefe

80 g Zucker
80 g weiche Butter oder Margarine
1 Päckchen Vanillezucker
1 Prise Salz

Für den Belag:
2,5 kg Äpfel
etwas Zitronensaft

Zubereitung:

1. Die Milch leicht erwärmen (nicht kochen). Das Mehl in eine Schüssel sieben und in die Mitte eine Mulde drücken. Die Hefe hineinbröckeln und mit 1 TL Zucker und der Hälfte der Milch zu einem Vorteig verrühren. Mit einem Tuch abgedeckt ca. 15–20 Minuten an einem warmen Ort gehen lassen.

2. In der Zwischenzeit die Äpfel waschen, schälen, halbieren und das Kerngehäuse entfernen. Die Apfelhälften jeweils in 6–7 Spalten schneiden und mit etwas Zitronensaft beträufeln.

3. Dem Vorteig die restlichen Zutaten hinzufügen und mit den Knethaken des Handrührgerätes schnell zu einem geschmeidigen Teig verarbeiten. Wiederum mit dem Tuch abdecken und weitere 10 Minuten ruhen lassen. Danach den Teig auf einer bemehlten Arbeitsfläche flachdrücken, die Seiten nach innen einschlagen und in einer abgedeckten Schüssel nochmals 10 Minuten gehen lassen.

4. Den Backofen auf 200 °C (Umluft 180 °C) vorheizen.

5. Den Hefeteig auf der bemehlten Arbeitsfläche mit einem Nudelholz etwa in der Größe des Backblechs ausrollen. Das Backblech mit Butter einfetten oder mit Backpapier auslegen und den Teig darauflegen. Die Ränder leicht hochdrücken und den Teig abgedeckt nochmals 5 Minuten gehen lassen.

6. Danach die vorbereiteten Apfelspalten dicht nebeneinander auf den Teig setzen, abdecken und weitere 10–15 Minuten gehen lassen. Im Backofen auf der mittleren Schiebeleiste ca. 40 Minuten backen.

Tipp:

Für diesen Kuchen eignen sich säuerliche Äpfel (z. B. Idared) sehr gut. Wenn Sie die Äpfel nach dem Schälen und Schneiden mit etwas Zitronensaft beträufeln, werden sie nicht so schnell braun.

Butterkuchen

Hefeteig

Zutaten:

200 ml Milch
375 g Mehl
1 Würfel Frischhefe oder
1 Päckchen Trockenhefe

50 g Zucker
50 g weiche Butter
1 Ei
1 Prise Salz

Für den Belag:
75 g Butter
50 g gehobelte Mandeln
50 g Zucker

Zubereitung:

1. Die Milch für den Teig leicht erwärmen (nicht kochen). Das Mehl in eine Schüssel sieben und in die Mitte eine Mulde drücken. Die Hefe hineinbröckeln und mit 1 TL Zucker und 100 ml Milch zu einem Vorteig verrühren. Mit einem Tuch abgedeckt ca. 15–20 Minuten an einem warmen Ort gehen lassen.

2. Die Butter, das Ei sowie das Salz zum Vorteig hinzufügen und alles mit den Knethaken des Handrührgerätes zu einem geschmeidigen Teig verarbeiten. Den Teig in einer abgedeckten Schüssel ca. 1 Stunde ruhen lassen.

3. Den Hefeteig aus der Schüssel nehmen und auf einer bemehlten Arbeitsfläche mit einem Nudelholz in der Größe des Backblechs ausrollen. Das Backblech mit Butter einfetten oder mit Backpapier auslegen. Den Teig darauflegen und die Ränder leicht hochdrücken. Den Teig abdecken und weitere 5 Minuten gehen lassen.

4. Den Backofen auf 200 °C (Umluft 180 °C) vorheizen. Für den Belag die Butter zerlassen und damit den Kuchen bestreichen. Mit Mandeln und Zucker bestreuen und im Backofen auf der mittleren Schiebeleiste ca. 20 Minuten backen.

Karottenkuchen

Rührteig

Zutaten:

ca. 400 g Karotten (4–5 Stück)
3 EL Zitronensaft
250 g weiche Butter
250 g Zucker
1 Päckchen Vanillezucker
1 Prise Salz
6 Eier
300 g Mehl
1 Päckchen Backpulver
200 g gemahlene Mandeln

Außerdem:
250 g Puderzucker
ca. 4–5 EL Zitronensaft
Marzipan-Karotten zum Dekorieren

Zubereitung:

1. Den Backofen auf 180 °C (Umluft 160 °C) vorheizen.

2. Die Karotten schälen, fein reiben und mit dem Zitronensaft beträufeln.

3. Die Butter, den Zucker, den Vanillezucker und das Salz cremig rühren. Dann die Eier nacheinander unterrühren.

4. Das Mehl, das Backpulver und die gemahlenen Mandeln mischen und unter die Butter-Eier-Mischung rühren. Die geriebenen Karotten unterheben.

5. Den Teig auf ein gefettetes und mit Mehl ausgestreutes Backblech füllen und ca. 30 Minuten backen. Mit einem Holzstäbchen in die Mitte des Kuchens stechen: Wenn kein Teig mehr daran kleben bleibt, den Kuchen herausnehmen und auskühlen lassen.

6. Den Puderzucker mit so viel Zitronensaft verrühren, bis ein glatter Guss entsteht. Den Guss auf dem Kuchen gleichmäßig verteilen und trocknen lassen. Nach Belieben mit Marzipan-Karotten dekorieren.

Streuselkuchen und Zimtkuchen

Hefeteig

Zutaten:

250 ml Buttermilch
500 g Mehl
1 Würfel Frischhefe oder
1 Päckchen Trockenhefe
80 g Zucker
80 g weiche Butter oder
Margarine
1 Päckchen Vanillezucker
1 Prise Salz

Für die Streusel:
175 g Mehl
¼ Päckchen Backpulver
120 g Butter
120 g Zucker
etwas Vanille- oder
Zitronenaroma
1 TL Zimt
1 Prise Salz

Für den Zimtbelag:
75 g weiche Butter
75 g Zucker
20 g Mehl
½ EL Zimt

Außerdem:
Puderzucker zum Bestäuben

Zubereitung:

1. Die Buttermilch leicht erwärmen (nicht kochen). Das Mehl in eine Schüssel sieben und in die Mitte eine Mulde drücken. Die Hefe hineinbröckeln und mit 1 TL Zucker, der Hälfte der Milch und etwas Mehl zu einem Vorteig verrühren. Abgedeckt ca. 20 Minuten an einem warmen Ort gehen lassen.

2. Für die Streusel das Mehl und das Backpulver in eine Schüssel sieben, die Butter in Flöckchen dazugeben und die restlichen Zutaten sowie das Salz hinzufügen. Alles rasch mit den Händen zu Streuseln verarbeiten.

3. Für den Zimtbelag die Butter, den Zucker, das Mehl und den Zimt zu einer streichfähigen Paste verarbeiten.

4. Den Vorteig mit den restlichen Teigzutaten vermischen und mit den Knethaken des Handrührgerätes zu einem geschmeidigen Teig verarbeiten. Den Teig weitere 20 Minuten gehen lassen. Den Backofen auf 200 °C (Umluft 180 °C) vorheizen.

5. Den Hefeteig aus der Schüssel nehmen und auf einer bemehlten Arbeitsfläche mit einem Nudelholz in der Größe des Backblechs ausrollen. Das Backblech mit

Butter einfetten oder mit Backpapier auslegen. Den Teig darauflegen und die Ränder leicht hochdrücken. Den Teig abdecken und weitere 5 Minuten gehen lassen.

6. Die Streusel auf der Hälfte des Teigs und die Zimtpaste auf der anderen Hälfte verteilen und ca. 35 Minuten auf der mittleren Schiebeleiste backen. Nach dem Abkühlen mit Puderzucker bestäuben.

Tipp:

Sie können natürlich auch nur eine Variante backen: Verdoppeln Sie die Menge des Belags Ihrer Wahl – also entweder Streusel oder Zimt – und belegen Sie das ganze Blech damit.

Joghurt-Grieß-Kuchen

Rührteig

Zutaten:

1 kg Äpfel
3 EL Zitronensaft
125 g Butter oder Margarine
500 g Naturjoghurt
4 Eier
150 g Zucker
1 Päckchen Vanillezucker
200 g Mehl
1 Päckchen Backpulver
200 g Grieß

Außerdem:
1 unbehandelte Zitrone
150 g Aprikosenmarmelade
gehackte Pistazien

Zubereitung:

1. Die Äpfel waschen, vierteln, entkernen und in Spalten schneiden. Den Zitronensaft mit 200 ml Wasser mischen und über die Apfelspalten geben.

2. Den Backofen auf 180 °C (Umluft 160 °C) vorheizen. Die Butter in einem Topf langsam zum Schmelzen bringen und abkühlen lassen.

3. Den Joghurt mit den Eiern, dem Zucker und dem Vanillezucker verquirlen. Das Mehl mit dem Backpulver mischen, über die Joghurt-Masse sieben und zusammen mit der geschmolzenen Butter und dem Grieß zu einem glatten Teig verrühren.

4. Den Teig auf ein mit Backpapier ausgekleidetes Backblech streichen und die abgetropften Apfelspalten fächerförmig darauf verteilen. Auf mittlerer Schiebeleiste ca. 25 Minuten backen.

5. Die Schale der unbehandelten Zitrone abreiben und den Saft auspressen. In einem Topf die Aprikosenmarmelade erhitzen, die Zitronenschale und 3 EL von dem Saft unterrühren und den noch warmen Kuchen damit bestreichen. Nach Belieben mit gehackten Pistazien bestreuen.

Zitronenkuchen

Rührteig

Zutaten:

350 g weiche Butter oder Margarine
300 g Zucker
1 Päckchen Vanillezucker
abgeriebene Schale von 2 unbehandelten Zitronen
6 Eier
350 g Mehl
3 TL Backpulver

Außerdem:
nach Belieben 200 g Puderzucker und 3–4 EL Zitronensaft

Zubereitung:

1. Den Backofen auf 180 °C (Umluft 160 °C) vorheizen.

2. Die Butter mit dem Zucker, dem Vanillezucker und der Zitronenschale cremig rühren. Die Eier nacheinander dazugeben und alles schaumig schlagen.

3. Das Mehl mit dem Backpulver mischen und mit der Butter-Eier-Masse gut verrühren.

4. Auf ein gefettetes oder mit Backpapier ausgelegtes Backblech geben, ca. 30 Minuten backen und abkühlen lassen.

5. Nach Belieben den Puderzucker mit dem Zitronensaft glatt rühren und auf den Kuchen streichen.

Tipp:

Für diesen Kuchen eignen sich die säuerlichen Apfelsorten Boskop, Idared, Elstar oder Ingrid Marie besonders gut. Servieren Sie ihn mit warmer Vanillesoße oder Schlagsahne.

Heidelbeer-Apfelkuchen

Hefeteig

Zutaten:

300 ml Milch
500 g Mehl
1 Würfel Frischhefe oder
1 Päckchen Trockenhefe
70 g Zucker
60 g weiche Butter oder
Margarine
1 Prise Salz

Für den Belag:
800 g Äpfel
200 g Heidelbeeren
50 g Mandelblättchen
2 EL Zucker

Zubereitung:

1. Die Milch leicht erwärmen (nicht kochen). Das Mehl in eine Schüssel sieben und in die Mitte eine Mulde drücken. Die Hefe hineinbröckeln und mit 1 TL Zucker und der Hälfte der Milch zu einem Vorteig verrühren. Mit einem Tuch abgedeckt ca. 20 Minuten an einem warmen Ort gehen lassen.

2. Dem Vorteig die restlichen Zutaten hinzufügen und alles mit den Knethaken des Handrührgerätes schnell zu einem geschmeidigen Teig verarbeiten. Abgedeckt weitere 10 Minuten ruhen lassen. Danach den Teig auf einer bemehlten Arbeitsfläche flachdrücken, die Seiten nach innen einschlagen und in der abgedeckten Schüssel nochmals 30 Minuten gehen lassen.

3. Den Hefeteig auf der bemehlten Arbeitsfläche mit einem Nudelholz in der Größe des Backblechs ausrollen. Das Backblech mit Butter einfetten oder mit Backpapier auslegen und den Teig darauflegen. Die Ränder leicht hochdrücken, den Teig abgedeckt nochmals 5 Minuten gehen lassen. Den Backofen auf 220 °C (Umluft 200 °C) vorheizen.

4. In der Zwischenzeit die Äpfel waschen, trocknen und mit der Schale vierteln. Das Kerngehäuse entfernen und in Spalten schneiden. Die Apfelspalten auf dem Teig verteilen und im Backofen auf der mittleren Schiebeleiste ca. 25 Minuten backen. Nach 15 Minuten die Heidelbeeren auf den Kuchen geben, mit den Mandelblättchen und dem Zucker bestreuen und weitere 10 Minuten backen.

5. Den warmen Kuchen nach Belieben mit Vanillesoße oder erwärmter Sahne servieren.

Bananenschnitten

Rührteig

Zutaten:

1 unbehandelte Zitrone
2 reife Bananen
2 EL Rum
250 g weiche Butter oder Margarine
150 g Zucker
4 Eier
330 g Mehl
2 TL Backpulver

Außerdem:
100 g gehackte Zartbitter-Kuvertüre
70 g Bananenchips

Zubereitung:

1. Den Backofen auf 200 °C (Umluft 180 °C) vorheizen. Die Zitrone heiß abwaschen und trocknen. Die Schale abreiben und den Saft auspressen. Die Bananen schälen und mit einer Gabel fein zerdrücken. Den Zitronensaft und den Rum unterrühren.

2. Die Butter mit dem Zucker cremig rühren. Die Eier einzeln dazugeben. Das Mehl mit dem Backpulver und der Zitronenschale vermischen, sieben und mit dem Bananenbrei unterrühren.

3. Den Teig auf ein gefettetes Backblech streichen und ca. 30 Minuten auf der mittleren Schiebeleiste backen.

4. Die Kuvertüre nach Packungsanweisung im Wasserbad schmelzen. Den abgekühlten Kuchen mit der Kuvertüre verzieren und in Rauten schneiden. Auf jedes Stück einige Bananenchips legen und servieren.

Johannisbeer-Vollkornkuchen

Rührteig

Zutaten:

250 g rote Johannisbeeren
250 g schwarze Johannisbeeren
250 g weiche Butter oder Margarine
200 g Rohrzucker
abgeriebene Schale von 1 unbehandelten Zitrone
4 Eier
400 g Weizenvollkornmehl
2 TL Backpulver
4 EL Milch

Zubereitung:

1. Die roten und die schwarzen Johannisbeeren waschen, abtropfen lassen und von den Rispen zupfen.

2. Den Backofen auf 180 °C (Umluft 160 °C) vorheizen.

3. Die Butter, den Zucker und die Zitronenschale cremig rühren. Die Eier nacheinander dazugeben und alles schaumig schlagen.

4. Das Mehl und das Backpulver vermischen und unter die Butter-Eier-Masse rühren. So viel Milch hinzufügen, bis ein geschmeidiger Teig entsteht, der schwer vom Löffel reißt.

5. Den Teig auf ein mit Backpapier ausgelegtes Blech geben und glatt streichen. Die Johannisbeeren darauf verteilen und leicht andrücken. Auf der mittleren Schiebeleiste ca. 35 Minuten backen. Mit einem Holzstäbchen in die Mitte des Kuchens stechen: Wenn kein Teig mehr daran kleben bleibt, den Kuchen herausnehmen, auskühlen lassen und in Stücke schneiden.

Tipp:

Wer keine Rosinen mag, kann die Quarkmasse natürlich ebensogut ohne Rosinen zubereiten.

Quarkkuchen mit Rosinen

Hefeteig

Zutaten:

250 ml Milch
500 g Mehl
1 Würfel Frischhefe oder
1 Päckchen Trockenhefe
80 g Zucker
80 g weiche Butter oder
Margarine
1 Päckchen Vanillezucker
1 Prise Salz

Für die Quarkmasse:
250 g Rosinen
1 kg Schichtkäse oder
Magerquark
200 g Zucker
60 g Speisestärke
250 ml Milch oder süße Sahne
3 Eier
1 Vanilleschote
Zitronenaroma

Zubereitung:

1. Die Milch leicht erwärmen (nicht kochen). Das Mehl in eine Schüssel sieben und in die Mitte eine Mulde drücken. Die Hefe hineinbröckeln und mit 1 TL Zucker und der Hälfte der Milch zu einem Vorteig verrühren. Mit einem Tuch abgedeckt ca. 20 Minuten an einem warmen Ort gehen lassen.

2. Die Rosinen waschen, einige Minuten in lauwarmem Wasser einweichen und gut ausdrücken. Den Quark mit dem Zucker, der Speisestärke, der Milch und den Eiern verrühren. Das Mark der Vanilleschote herauskratzen und zusammen mit einigen Tropfen Zitronenaroma zu der Quarkmasse geben. Die Rosinen hinzufügen und alles gut verrühren.

3. Dem Vorteig die restlichen Zutaten hinzufügen und alles mit den Knethaken des Handrührgerätes schnell zu einem geschmeidigen Teig verarbeiten. Abgedeckt weitere 10 Minuten ruhen lassen. Danach den Teig auf einer bemehlten Arbeitsfläche flachdrücken, die Seiten nach innen einschlagen und in der abgedeckten Schüssel nochmals 10 Minuten gehen lassen. Den Backofen auf 200 °C (Umluft 180 °C) vorheizen.

4. Den Hefeteig auf der bemehlten Arbeitsfläche mit einem Nudelholz in der Größe des Backblechs ausrollen. Das Backblech mit Butter einfetten oder mit Backpapier auslegen und den Teig darauflegen. Die Ränder leicht hochdrücken, den Teig abgedeckt nochmals 5 Minuten gehen lassen.

5. Die Quarkmasse auf den Teig geben und im Backofen auf der mittleren Schiebeleiste ca. 40 Minuten backen.

Zwetschgenkuchen

Hefeteig

Zutaten:

250 ml Milch
500 g Mehl
1 Würfel Frischhefe oder
1 Päckchen Trockenhefe
80 g Zucker
80 g weiche Butter oder
Margarine

1 Päckchen Vanillezucker
1 Prise Salz

Für den Belag:
2,5 kg Zwetschgen

Außerdem:
Zucker zum Bestreuen
nach Belieben geschlagene
Sahne

Zubereitung:

1. Die Milch leicht erwärmen (nicht kochen). Das Mehl in eine Schüssel sieben und in die Mitte eine Mulde drücken. Die Hefe hineinbröckeln und mit 1 TL Zucker und der Hälfte der Milch zu einem Vorteig verrühren. Mit einem Tuch abgedeckt ca. 20 Minuten an einem warmen Ort gehen lassen.

2. Zwetschgen waschen, abtropfen lassen und den Kern mit einem Zwetschgenentsteiner entfernen. Wenn der Kern mit dem Messer entfernt wird, die Zwetschgen zur Hälfte aufschneiden, jedoch nicht ganz durchschneiden. Den Kern entfernen und die zusammenhängenden Hälften jeweils zu ⅓ einschneiden, sodass vier Spitzen entstehen.

3. Dem Vorteig die restlichen Zutaten hinzufügen und alles mit den Knethaken des Handrührgerätes schnell zu einem geschmeidigen Teig verarbeiten. Abgedeckt weitere 10 Minuten ruhen lassen. Danach den Teig auf einer bemehlten Arbeitsfläche flachdrücken, die Seiten nach innen einschlagen, in die Schüssel zurücklegen und nochmals 10 Minuten gehen lassen. Den Backofen auf 200 °C (Umluft 180 °C) vorheizen.

4. Den Hefeteig aus der Schüssel nehmen und auf der bemehlten Arbeitsfläche mit einem Nudelholz etwa in der Größe des Backblechs ausrollen. Das Backblech mit Butter einfetten oder mit Backpapier auslegen und den Teig darauflegen. Die Ränder leicht hochdrücken, den Teig mit einem Tuch abgedeckt weitere 5 Minuten gehen lassen.

5. Danach die vorbereiteten Zwetschgen schuppenförmig auf den Teig setzen, abdecken und weitere ca. 15 Minuten gehen lassen.

6. Im Backofen auf der mittleren Schiebeleiste ca. 40 Minuten backen.

7. Den Kuchen kurz abkühlen lassen, dann vom Blech nehmen und auf einem Kuchengitter erkalten lassen. Danach in Stücke schneiden, mit Zucker bestreuen und nach Belieben mit geschlagener Sahne servieren.

Tipp:

Den Zwetschgenkuchen erst kurz vor dem Servieren mit Zucker bestreuen, weil sonst die Früchte zu viel Saft ziehen.

Ananaskuchen

Rührteig

Zutaten:

1 Ananas
2–3 Zitronen
100 g Zartbitter-schokolade
200 g weiche Butter oder Margarine
200 g Zucker
1 Prise Salz
4 Eier
300 g Mehl
2 EL Kakaopulver
2 TL Backpulver
45 Sauerkirschen

Außerdem:
Puderzucker zum Bestäuben

Zubereitung:

1. Die Ananas schälen, in ca. 15 Scheiben schneiden und den harten Strunk ausstechen. Saft der Zitronen auspressen und 125 ml Zitronensaft abmessen. Die Schokolade grob hacken.

2. Die Butter, den Zucker und das Salz mit den Quirlen des Handrührgerätes cremig rühren. Die Eier nach und nach dazugeben und jeweils ca. ½ Minute verrühren. Das Mehl, den Kakao und das Backpulver mischen, sieben und abwechselnd mit dem Zitronensaft unterrühren. Die gehackte Schokolade unter den Teig heben. Den Backofen auf 200 °C (Umluft 180 °C) vorheizen.

3. Die Ananasscheiben auf ein gefettetes Backblech legen und je 3 Kirschen in die Mitte der Ananasscheiben geben. Den Teig darüber verteilen und glatt streichen. Im Backofen auf der mittleren Schiebeleiste ca. 30 Minuten backen.

4. Nach dem Backen etwas abkühlen lassen und den Kuchen auf ein Kuchengitter stürzen. Nach dem vollständigen Auskühlen mit Puderzucker bestreuen und in Stücke schneiden.

Marmorkuchen

Rührteig

Zutaten:

250 g weiche Butter
oder Margarine
250 g Zucker
1 Päckchen Vanillezucker
1 Prise Salz
3 Eier
400 g Mehl
1 Päckchen Backpulver
ca. 125 ml Milch
2 EL Kakao
2 EL Zucker
etwas Milch

Außerdem:
Puderzucker zum Bestäuben

Zubereitung:

1. Den Backofen auf 200 °C (Umluft 180 °C) vorheizen.

2. Die Butter mit dem Zucker, dem Vanillezucker und dem Salz cremig rühren. Die Eier nacheinander hinzufügen und alles schaumig schlagen.

3. Das Mehl mit dem Backpulver mischen und mit so viel Milch unter die Butter-Eier-Masse rühren, dass ein geschmeidiger Teig entsteht, der schwer vom Löffel reißt.

4. Zwei Drittel des Teigs auf ein eingefettetes Backblech streichen. Das restliche Drittel mit dem Kakao, dem Zucker und evtl. etwas Milch verrühren. Auf dem hellen Teig verteilen und eine Gabel spiralförmig durchziehen, damit das typische marmorierte Muster entsteht. Den Kuchen ca. 35 Minuten backen, abkühlen lassen und mit Puderzucker bestäubt servieren.

Tipp:

Die geriebenen Äpfel können mit Rosinen und/oder gehackten Mandeln oder Nüssen gemischt werden. Besonders gut geeignet sind mürbe, säuerliche Apfelsorten wie Boskop oder Ingrid Marie. Die Streusel werden knuspriger, wenn man den weißen Zucker zur Hälfte durch braunen Zucker ersetzt. Außerdem können sie mit einer Prise Zimt verfeinert werden.

Sächsischer Apfelkuchen

Rührteig

Zutaten:

300 g weiche Butter
250 g Zucker
1 Prise Salz
4 Eier
300 g Mehl
2 TL Backpulver
50 g Speisestärke

Für die Streusel:
125 g weiche Butter
300 g Mehl
170 g Zucker

Für den Belag:
2 kg Äpfel

Zubereitung:

1. Den Backofen auf 175 °C (Umluft 155 °C) vorheizen. Ein Backblech gut einfetten und mit Mehl bestäuben.

2. Die Butter in eine Schüssel geben und mit den Rührbesen des Handrührgerätes schaumig schlagen. ⅔ des Zuckers und das Salz dazugeben. Alles schlagen, bis der Zucker vollständig aufgelöst ist. Die Eier trennen, das Eigelb zur Buttermischung geben und unterrühren. Das Mehl mit dem Backpulver und der Speisestärke mischen und darübersieben. Alles gut verrühren.

3. Das Eiweiß mit dem restlichen Zucker steif schlagen und unter den Teig heben.

4. Den Teig auf das vorbereitete Backblech geben und glatt streichen. Es empfiehlt sich, den Teig ca. 10 Minuten vorzubacken, damit die Äpfel ihn nicht durchweichen.

5. Die Äpfel schälen, entkernen und in ein Sieb reiben, damit der Saft abtropfen kann.

6. Die Zutaten für die Streusel in eine Schüssel geben und gut durchkneten. Zuletzt die Streusel mit den Händen kneten, da sie so schöner und dicker werden.

7. Die geriebenen Äpfel gleichmäßig auf den Kuchenboden geben und die Streusel darauf verteilen.

8. Den Kuchen im Backofen auf der mittleren Schiebeleiste backen. Ist der Boden schon vorgebacken, ist eine Backzeit von 40 Minuten ausreichend. Ansonsten den Kuchen 50 Minuten backen.

Traubenkuchen mit Buttermilch

Hefeteig

Zutaten:

300 g Weizenmehl Type 550
200 g Roggenmehl Type 1150
1 Würfel Frischhefe oder
1 Päckchen Trockenhefe
1 TL Zucker
150 ml Buttermilch
½ TL Salz
5 EL Olivenöl

Für den Belag:
½ unbehandelte Zitrone
je 500 g weiße und blaue kernlose Weintrauben
30 g Butter
100 g Zucker

Zubereitung:

1. Die Mehlsorten in einer Schüssel mischen, in die Mitte eine Mulde drücken und die Hefe hineinbröckeln. Mit 6 EL lauwarmem Wasser, dem Zucker und etwas Mehl vom Rand zu einem glatten Vorteig verrühren. Abgedeckt an einem warmen Ort ca. 15 Minuten gehen lassen.

2. 100 ml Wasser, die Buttermilch, das Salz und das Olivenöl zugeben und alles mit den Knethaken des Handrührgerätes zu einem geschmeidigen Teig verkneten. Den Teig in die Schüssel legen und mit einem Tuch abgedeckt 60 Minuten gehen lassen. Den Backofen auf 200 °C (Umluft 180 °C) vorheizen.

3. Die Zitrone heiß abwaschen, trocknen und die Schale abreiben. Die Trauben waschen. Die Butter zerlassen. Alles zusammen mit dem Zucker in eine Schüssel geben.

4. Den Teig noch einmal kräftig durchkneten und in zwei Portionen teilen. Eine Teigportion auf einem gefetteten Backblech zu einer ovalen Teigplatte ausrollen. Mit der Hälfte der Traubenmischung belegen. Die zweite Teigportion ebenso ausrollen und auf den Traubenbelag legen. Die Ränder der Teigplatten zusammendrücken. Den Rest der Traubenmischung auf dem Kuchen verteilen. Den Kuchen abgedeckt weitere 30 Minuten gehen lassen.

5. Den Kuchen im Backofen auf der mittleren Schiebeleiste ca. 30 Minuten backen. Abkühlen lassen und servieren.

Tipp:

Achten Sie beim Kauf der Trauben darauf, dass ihr Stielansatz nicht braun ist, denn dann sind sie überreif.

Aprikosenkuchen

Rührteig

Zutaten:

125 g weiche Butter oder Margarine
150 g Zucker
1 Päckchen Vanillezucker
1 Prise Salz
Saft von ½ Zitrone
3 Eier
350 g Mehl
3 TL Backpulver
½ TL Zimt
4 EL Milch

Für den Belag:
750 g Aprikosen (oder 2 Dosen à 235 g)
Hagelzucker oder Puderzucker

Zubereitung:

1. Die Butter mit dem Zucker, dem Vanillezucker, dem Salz und dem Zitronensaft gut verrühren. Die Eier dazugeben und unterrühren. Das Mehl, das Backpulver sowie den Zimt vermischen und abwechselnd mit der Milch nach und nach zugeben. Alles gut verrühren.

2. Ein Backblech mit Backpapier auslegen. Den Teig daraufgeben und glatt streichen. Die Aprikosen waschen, halbieren und entsteinen. Dosenfrüchte in einem Sieb gut abtropfen lassen. Den Backofen auf 180 °C (Umluft 160 °C) vorheizen.

3. Den Kuchen mit den Aprikosenhälften belegen und im Backofen auf der mittleren Schiebeleiste ca. 40 Minuten backen. Mit Hagelzucker oder Puderzucker bestreuen und servieren.

Mandelschnitten

Rührteig

Zutaten:

7 Eier
150 g Zartbitterschokolade
300 g Puderzucker
150 g weiche Butter oder Margarine
2 TL Zimt
1 Prise Salz
150 g Mehl
½ TL Backpulver
100 g gemahlene Mandeln
2 EL Amaretto (Mandellikör)

Zubereitung:

1. Die Eier trennen. 100 g Schokolade fein reiben. Den Backofen auf 175 °C (Umluft 155 °C) vorheizen.

2. Die Eigelbe, 150 g Puderzucker, die Butter, 1 TL Zimt und das Salz ca. 5 Minuten schlagen, bis alles cremig ist.

3. Das Mehl und das Backpulver mischen, sieben und unter die Creme heben. Ein Backblech mit Backpapier auslegen. Den Teig daraufgeben und glatt streichen.

4. Die Eiweiße, den restlichen Puderzucker und den Zimt zu Eischnee schlagen. Die Mandeln und die geriebene Schokolade unter den Eischnee heben. Den Amaretto dazugeben und die Masse gleichmäßig auf dem Teig verteilen.

5. Die Mandelschnitten ca. 35 Minuten im Backofen backen. Den fertigen Kuchen ca. 5 Minuten abkühlen lassen.

6. Die restliche Schokolade hacken und im Wasserbad bei geringer Hitze schmelzen. In einen Gefrierbeutel füllen, eine kleine Ecke abschneiden und damit feine Schokoladenfäden über den Kuchen spritzen. Den Kuchen in 24 Stücke schneiden und servieren.

Apfelkompott-Kuchen mit Sahne

Rührteig

Zutaten:

3 Eier
300 g Zucker
1 Päckchen Vanillezucker
450 g Mehl
1 Päckchen Backpulver
200 ml Mineralwasser
175 ml Pflanzenöl

Für den Belag:
3 kg Äpfel
200 g Zucker
600 ml süße Sahne
2 Päckchen Sahnesteif
400 ml Schmand
Zimt

Zubereitung:

1. Den Backofen auf 180 °C (Umluft 160 °C) vorheizen. Ein Backblech gut einfetten.

2. In einer großen Schüssel die Eier aufschlagen, kurz verrühren und mit dem Zucker und dem Vanillezucker schaumig rühren. Das Mehl mit dem Backpulver vermischen und zusammen mit dem Mineralwasser und dem Öl dazugeben. Alles zu einem glatten Teig verarbeiten.

3. Den Teig gleichmäßig auf dem Backblech verteilen und ca. 20 Minuten auf der mittleren Schiebeleiste backen. Aus dem Ofen nehmen und abkühlen lassen.

4. Die Äpfel schälen, entkernen und vierteln. Mit 150 ml Wasser in einen Topf geben und 15 Minuten kochen lassen. Mit einem Pürierstab und ca. 100 g Zucker (je nach Geschmack und Apfelsorte auch etwas mehr) grob zu Kompott verarbeiten.

5. Die Sahne mit dem Sahnesteif steif schlagen und dann den Schmand unterheben.

6. Das abgekühlte Apfelkompott auf den erkalteten Kuchen streichen und die Sahnemischung darauf verteilen. Ca. 100 g Zucker mit 1 TL Zimt vermischen und gleichmäßig auf den Kuchen sieben.

Tipp:

Anstelle von selbst gekochtem Apfelkompott können Sie auch Apfelmus aus dem Glas verwenden. Für einen Kuchen benötigen Sie dann 2 kleine Gläser oder 1 großes Glas. Besonders köstlich und erfrischend schmeckt der Kuchen, wenn Sie ihn gut gekühlt servieren!

Versunkener Apfelkuchen

Rührteig

Zutaten:

7–8 Äpfel
250 g weiche Butter oder
Margarine
200 g Zucker
1 Päckchen Vanillezucker
abgeriebene Schale von
1 unbehandelten Zitrone
1 Prise Salz
5 Eier
350 g Mehl
2 TL Backpulver

Zubereitung:

1. Die Äpfel schälen, halbieren, das Kerngehäuse entfernen und die Apfelhälften auf der gewölbten Seite längs einschneiden.

2. Den Backofen auf 180 °C (Umluft 160 °C) vorheizen.

3. Die Butter, den Zucker, den Vanillezucker, die Zitronenschale und das Salz cremig rühren. Die Eier nacheinander dazugeben und alles schaumig schlagen.

4. Das Mehl und das Backpulver vermischen und unter die Butter-Eier-Masse rühren.

5. Den Teig auf ein mit Backpapier ausgelegtes Blech geben und glatt streichen. Die halbierten Äpfel mit der Wölbung nach oben darauflegen und leicht andrücken. Auf der mittleren Schiebeleiste ca. 35 Minuten backen. Mit einem Holzstäbchen in die Mitte des Kuchens stechen: Wenn kein Teig mehr daran kleben bleibt, den Kuchen herausnehmen und auskühlen lassen.

Rührkuchen mit Kirschen

Rührteig

Zutaten:

120 g Butter oder Margarine
125 ml Milch
4 Eier
350 g Zucker
300 g Mehl
2 TL Backpulver
750 g Sauerkirschen aus dem Glas

Zubereitung:

1. Den Backofen auf 180 °C (Umluft 160 °C) vorheizen.

2. In einem Topf die Butter mit der Milch erhitzen, bis sich die Butter aufgelöst hat. Abkühlen lassen.

3. Die Eier mit dem Zucker schaumig schlagen.

4. Die abgekühlte Margarinen-Milch-Mischung unter die Eier-Zucker-Masse rühren. Das Mehl mit dem Backpulver mischen und unterrühren.

5. Den Teig auf ein mit Backpapier ausgelegtes Blech geben und glatt streichen. Die Kirschen gut abtropfen lassen, auf dem Teig verteilen und leicht andrücken. Auf der mittleren Schiebeleiste ca. 30 Minuten backen. Mit einem Holzstäbchen in die Mitte des Kuchens stechen: Wenn kein Teig mehr daran kleben bleibt, den Kuchen herausnehmen und auskühlen lassen.

Apfelmuskuchen

Hefeteig

Zutaten:

250 ml Milch
500 g Mehl
1 Würfel Frischhefe oder
1 Päckchen Trockenhefe
80 g Zucker
80 g weiche Butter oder
Margarine
1 Päckchen Vanillezucker
1 Prise Salz

Für den Belag:
3 kg Äpfel
100 g Zucker

Außerdem:
100 g Rosinen nach Belieben
400 ml süße Sahne

Zubereitung:

1. Die Milch leicht erwärmen (nicht kochen). Das Mehl in eine Schüssel sieben und in die Mitte eine Mulde drücken. Die Hefe hineinbröckeln und mit 1 TL Zucker und der Hälfte der Milch zu einem Vorteig verrühren. Mit einem Tuch abgedeckt ca. 20 Minuten an einem warmen Ort gehen lassen.

2. Wenn der Vorteig Blasen wirft, die restlichen Zutaten hinzufügen und alles mit den Knethaken des Handrührgerätes zu einem geschmeidigen Teig verkneten. Den Teig mit etwas Mehl bestreuen und in einer Schüssel abgedeckt ca. 30 Minuten gehen lassen.

3. Den Hefeteig auf einer bemehlten Arbeitsfläche mit einem Nudelholz etwa in der Größe des Backblechs ausrollen. Das Backblech mit Butter einfetten oder mit Backpapier auslegen und den Teig darauflegen. Den Teig mehrmals mit einer Gabel einstechen. Die Ränder leicht hochdrücken und den Teig abgedeckt nochmals 5 Minuten gehen lassen. Den Backofen auf 180 °C (Umluft 160 °C) vorheizen.

4. Den Hefeteigboden ca. 30 Minuten auf der mittleren Schiebeleiste backen, dann aus dem Ofen nehmen und abkühlen lassen.

5. Die Äpfel schälen, entkernen und vierteln. Mit 150 ml Wasser in einem Topf 15 Minuten kochen lassen. Den Zucker hinzufügen und mit einem Pürierstab zu Mus verarbeiten. Je nach Geschmack und Apfelsorte die Zuckermenge erhöhen oder verringern.

6. Wenn das Apfelmus etwas abgekühlt ist, nach Belieben die Rosinen unterrühren und das Apfelmus auf dem gebackenen Boden verteilen.

7. Die Sahne steif schlagen und mithilfe einer Spritztülle in kleinen Tupfern auf dem Kuchen verteilen.

Tipp:

Mit frisch gekochtem Apfelmus, vielleicht sogar mit Äpfeln aus dem eigenen Garten, schmeckt dieser Kuchen natürlich am besten. Wenn es aber schnell gehen soll, können Sie auch Apfelmus aus dem Glas verwenden. Allerdings sollten Sie dann auf gute Qualität achten!

Lebkuchenschnitten

Zutaten:

150 g Butter oder Margarine
4 EL Honig
2 Eier
400 ml Milch
470 g Mehl
1 Päckchen Backpulver
4 TL Lebkuchengewürz
150 g blütenzarte Haferflocken

Außerdem:
Puderzucker zum Bestäuben

Zubereitung:

1. Den Backofen auf 200 °C (Umluft 180 °C) vorheizen.

2. Die Butter mit dem Honig erhitzen. Leicht abkühlen lassen, die Eier und die Milch dazugeben und alles schaumig schlagen.

3. Das Mehl mit dem Backpulver, dem Lebkuchengewürz und den Haferflocken dazugeben und gut verrühren.

4. Den Lebkuchenteig gleichmäßig auf ein gefettetes Backblech streichen. Auf der mittleren Schiebeleiste ca. 20 Minuten backen, abkühlen lassen und nach Belieben mit Puderzucker bestäuben.

Honigkuchen

Zutaten:

250 g Honig
100 g Butter oder Margarine
2 Eier
125 g Zucker
375 g Mehl
2 TL Backpulver
2 EL Lebkuchengewürz
abgeriebene Schale von ½ Zitrone
2 EL Rum
1 EL Kakaopulver
100 g Zitronat
100 g Orangeat
80 g gehackte Mandeln

Für den Belag:
75 g Mandeln
60 g rote Belegkirschen
1 Eiweiß

Zubereitung:

1. Den Honig und die Butter leicht erhitzen und wieder abkühlen lassen. Die Eier und den Zucker schaumig schlagen. Die Honig-Fett-Mischung dazugeben und mit den restlichen Zutaten zu einem Teig verkneten.

2. Den Backofen auf 175 °C (Umluft 155 °C) vorheizen.

3. Ein Backblech mit Margarine einfetten. Den Honigkuchenteig daraufgeben und glatt streichen. Im Backofen auf der mittleren Schiebeleiste ca. 20 Minuten backen.

4. Zum Garnieren die Mandeln überbrühen, kalt abschrecken, dann die Haut abziehen. Die Belegkirschen halbieren und vierteln. Das Eiweiß mit 1 EL Wasser verquirlen und den Honigkuchen damit bestreichen. Mit den Mandeln und den Kirschen belegen und nochmals 5 Minuten backen.

Streuselkuchen mit Beeren

Mürbeteig

Zutaten:

375 g Zucker
2 Päckchen Vanillezucker
1 Prise Salz
600 g Mehl
100 g gehackte Haselnüsse
375 g Butter
75 g Haferflocken
750 g gemischte Beeren

Zubereitung:

1. Den Backofen auf 200 °C (Umluft 180 °C) vorheizen.

2. Den Zucker mit dem Vanillezucker, dem Salz, dem Mehl und den Haselnüssen mischen.

3. Die Butter in einem großen Topf schmelzen, die Zucker-Mehl-Nuss-Mischung dazugeben und mit einer Gabel unterrühren, sodass Streusel entstehen. Zwei Drittel davon auf ein mit Backpapier ausgekleidetes Backblech verteilen und leicht andrücken.

4. Die Haferflocken daraufstreuen, mit den Beeren belegen und die restlichen Streusel darauf verteilen.

5. Den Kuchen ca. 35 Minuten backen, herausnehmen und abkühlen lassen.

Spinatkuchen mit Käse

Mürbeteig

Zutaten:

300 g Mehl
150 g Butter
1 Ei
Salz

Für die Füllung:
2 Packungen tiefgekühlter Blattspinat
1 Zwiebel
6 Eier
400 ml süße Sahne
150 g geriebener Emmentaler
Salz, Pfeffer
Muskat

Zubereitung:

1. Den Spinat auftauen und ausdrücken. Den Backofen auf 200 °C (Umluft 180 °C) vorheizen.

2. Für den Teig das Mehl mit der Butter zerbröseln. Das Ei und Salz dazugeben und alles rasch zu einem mürben Teig kneten. Ca. 30 Minuten kühl stellen.

3. Die Zwiebel abziehen, in feine Würfel schneiden, in etwas Öl anschwitzen und mit dem Spinat vermischen.

4. Die Eier, die Sahne und den Emmentaler gut verrühren und mit Salz, Pfeffer und Muskat würzen.

5. Den Teig ausrollen und auf ein mit Backpapier ausgekleidetes Backblech legen. Den Spinat daraufgeben und die Eier-Sahne darüber verteilen. Ca. 20 Minuten backen und noch warm servieren.

Tipp:

Anstatt der Mandarinen kann man für diesen Kuchen ebenso gut Aprikosen oder Pfirsiche aus der Dose verwenden. Schneiden Sie dafür die Fruchthälften in Spalten und verteilen Sie sie auf der Käsemasse. Auch hier eignet sich der Fruchtsaft als Basis für den Tortenguss.

Käsekuchen mit Mandarinen

Rührteig

Zutaten:

150 g weiche Butter oder Margarine
200 g Zucker
5 Eigelb
6 EL Milch
450 g Mehl
1 Päckchen Backpulver

Für den Belag:
5 Eiweiß
2 Dosen Mandarinen
1 kg Quark
2 Becher saure Sahne
2 Päckchen Puddingpulver Vanille
300 g Zucker
Saft von 1 Zitrone
1 Tasse Pflanzenöl
2 Päckchen klarer Tortenguss

Zubereitung:

1. Die Butter mit dem Zucker in eine Schüssel geben und gut verrühren. Nach und nach die Eigelbe und die Milch dazugeben. Das Mehl mit dem Backpulver vermischen und unter den Teig rühren.

2. Ein Backblech mit Butter einfetten oder mit Backpapier auslegen. Den Teig auf das Blech geben und glatt streichen.

3. Für den Belag das Eiweiß steif schlagen. Die Mandarinen abtropfen lassen und den Saft in einem kleinen Topf sammeln. Den Backofen auf 175 °C (Umluft 155 °C) vorheizen.

4. Den Quark, die saure Sahne, das Puddingpulver, den Zucker und den Zitronensaft in eine große Schüssel geben und alles gut verrühren. Zuletzt das Öl dazugeben und den Eischnee unterheben.

5. Die Masse gleichmäßig auf dem Teig verteilen und mit den abgetropften Mandarinen belegen. Ca. 60 Minuten im Backofen auf der mittleren Schiebeleiste backen.

6. Den Tortenguss im Saft der Mandarinen auflösen, aufkochen und auf den warmen Kuchen geben.

Apfelkuchen mit Cranberrys

Hefeteig

Zutaten:

250 ml Milch
500 g Mehl
1 Würfel Frischhefe oder
1 Päckchen Trockenhefe
80 g Zucker
80 g weiche Butter oder
Margarine
1 Päckchen Vanillezucker
1 Prise Salz

Für den Belag:

500 g Äpfel
etwas Zitronensaft
2 Eier
400 ml Milch
1 Päckchen Vanillepudding
100 g gehackte Mandeln
50 g getrocknete Cranberrys

Zubereitung:

1. Die Milch leicht erwärmen (nicht kochen). Das Mehl in eine Schüssel sieben und in die Mitte eine Mulde drücken. Die Hefe hineinbröckeln und mit 1 TL Zucker und der Hälfte der Milch zu einem Vorteig verrühren. Mit einem Tuch abgedeckt ca. 20 Minuten an einem warmen Ort gehen lassen.

2. Wenn der Vorteig Blasen wirft, die restlichen Zutaten hinzufügen und alles mit den Knethaken des Handrührgerätes zu einem geschmeidigen Teig verarbeiten. Den Teig mit etwas Mehl bestäuben und in der Schüssel abgedeckt ca. 30 Minuten gehen lassen.

3. Den Hefeteig auf einer bemehlten Arbeitsfläche mit einem Nudelholz etwa in der Größe des Backblechs ausrollen. Das Backblech mit Butter einfetten oder mit Backpapier auslegen und den Teig darauflegen. Den Teig mit einer Gabel flächendeckend einstechen und zugedeckt noch etwas gehen lassen. Den Backofen auf 180 °C (Umluft 160 °C) vorheizen.

4. Für den Belag die Äpfel schälen, halbieren, das Kerngehäuse entfernen und in Spalten schneiden. Die Apfelspalten mit Zitronensaft beträufeln, damit sie nicht braun werden.

5. Die Eier für den Belag aufschlagen und mit 2 EL Milch verquirlen. Das Puddingpulver mit 5 EL Milch in einem Topf anrühren, die restliche Milch dazugießen und unter Rühren aufkochen lassen. Wenn der Pudding kocht, vom Herd nehmen und die verquirlten Eier unterrühren.

Tipp:

Nach Belieben kann man die Cranberrys auch in den Pudding einrühren.

6. Den Teig mit den Apfelspalten belegen, die Puddingmasse daraufgeben und verstreichen. Die gehackten Mandeln darauf verteilen. Im Backofen auf der mittleren Schiebeleiste ca. 40 Minuten backen.

7. Die Cranberrys in etwas Wasser einweichen und nach 30 Minuten Backzeit auf dem Kuchen verteilen. Den Kuchen noch weitere 10 Minuten backen.

Kirschkuchen

Rührteig

Zutaten:

250 g weiche Butter oder Margarine
200 g Zucker
1 Päckchen Vanillezucker
1 Prise Salz
5 Eier
350 g Mehl
2 TL Backpulver

Für die Füllung:
2 Gläser Sauerkirschen
1 Päckchen Vanillepudding

Für die Streusel:
200 g Mehl
130 g Zucker
1 Päckchen Vanillezucker
100 g weiche Butter oder Margarine

Zubereitung:

1. Die Butter, den Zucker, den Vanillezucker und das Salz cremig rühren. Die Eier nacheinander hinzugeben und schaumig schlagen.

2. Das Mehl und das Backpulver mischen und unter die Butter-Eier-Masse rühren. Den Teig auf ein mit Backpapier ausgelegtes Backblech geben und glattstreichen.

3. Für die Füllung die Kirschen abtropfen lassen, dabei den Saft auffangen und 500 ml abmessen. 4 EL Saft abnehmen und mit dem Puddingpulver verrühren. Den Kirschsaft zum Kochen bringen, das angerührte Puddingpulver unter Rühren hinzufügen und kurz aufkochen lassen. Die Kirschen unterrühren und die Masse abkühlen lassen.

4. Den Backofen auf 180 °C (Umluft 160 °C) vorheizen.

5. Für die Streusel alle Zutaten verkneten. Die Kirschen auf dem Teig verteilen, die Streusel in Flecken darübergeben und ca. 35 Minuten backen.

6. Den Kuchen abkühlen lassen und nach Belieben mit einem Guss aus Puderzucker und etwas Wasser verzieren.

Rahm-Apfelkuchen

Hefeteig

Zutaten:

380 g Mehl
1 Würfel Frischhefe oder
1 Päckchen Trockenhefe
60 g Zucker
200 ml lauwarme Milch
50 g Butter oder Margarine
1 Prise Salz

Für die Füllung:
1,5 kg Äpfel
Saft von 1 Zitrone
100 g Zucker
40 g Korinthen
½ TL Zimt
2 EL Pinienkerne oder
gehackte Walnüsse
3 Eier
400 g Schmand

Außerdem:
1 EL Puderzucker zum Bestäuben

Zubereitung:

1. Das Mehl in eine Schüssel sieben und in die Mitte eine Vertiefung drücken. Die Hefe hineinbröckeln und mit etwas Zucker und Milch zu einem Vorteig verrühren. Abgedeckt an einem warmen Ort ca. 20 Minuten gehen lassen.

2. Die Butter zerlassen und mit den restlichen Zutaten zum Vorteig geben. Alles zu einem geschmeidigen Teig verkneten und abgedeckt ca. 30 Minuten gehen lassen.

3. Ein Backblech einfetten oder mit Backpapier auslegen. Die Hälfte des Teigs ausrollen, darauflegen und nochmals ca. 10 Minuten gehen lassen. Den Backofen auf 200 °C (Umluft 180 °C) vorheizen.

4. Für die Füllung die Äpfel schälen, entkernen und in dünne Spalten schneiden. Mit Zitronensaft beträufeln und gleichmäßig auf dem Teig verteilen. Mit etwa 2 EL Zucker, den Korinthen, dem Zimt und den Pinienkernen bzw. Walnüssen bestreuen.

5. Die Eier, den Schmand und den restlichen Zucker verquirlen und auf den Kuchen streichen. Den restlichen Teig dünn ausrollen und in ca. 2 cm breite Streifen schneiden. Die Teigstreifen gitterartig über die Rahmdecke legen. Den Kuchen ca. 40 Minuten im Backofen backen. Danach in Stücke schneiden und mit Puderzucker bestäubt servieren.

Johannisbeer-Baiser-Kuchen

Rührteig

Zutaten:

8 Eigelb
200 g weiche Butter oder Margarine
200 g Zucker
1 Päckchen Vanillezucker

300 g Mehl
1 Päckchen Backpulver
100 g Speisestärke
125 ml Milch

Für den Belag:
1,5 kg rote Johannisbeeren
8 Eiweiß
400 g Zucker
1 Päckchen Vanillezucker

Zubereitung:

1. Die Johannisbeeren waschen, gut abtropfen lassen und von den Rispen zupfen. Den Backofen auf 175 °C (Umluft 155 °C) vorheizen.

2. Die Eier trennen. Die weiche Butter cremig rühren und nach und nach den Zucker und den Vanillezucker zugeben. So lange rühren, bis die Masse schaumig ist. Die Eigelbe einzeln hinzufügen. Das Mehl, das Backpulver und die Speisestärke mischen und löffelweise unterrühren. Falls der Teig zu trocken wird, etwas Milch dazugeben. Den Teig mit einem Teigschaber auf ein eingefettetes Backblech streichen.

3. Die Johannisbeeren auf dem Teig verteilen und den Kuchen im Backofen auf der mittleren Schiebeleiste ca. 25 Minuten vorbacken.

4. In der Zwischenzeit aus den Eiweißen, dem Zucker und dem Vanillezucker einen schnittfesten Eischnee schlagen.

5. Nach dem Vorbacken des Kuchens den Eischnee mithilfe eines Spritzbeutels mit Sterntülle auf die Johannisbeeren spritzen und weitere 30 Minuten backen, bis die Oberfläche leicht anbräunt.

6. Den Kuchen auskühlen lassen und in Stücke geschnitten servieren.

Tipp:

Sowohl rote als auch schwarze Johannisbeeren immer in ganzen Trauben waschen, am besten in einer Schüssel. Danach in einem Sieb abtropfen lassen. Ein Baiser-Belag ist für alle säuerlichen Obstsorten gut geeignet, z. B. auch für Rhabarber und Stachelbeeren.

Tipp:

Wenn Sie kein Dinkelmehl im Haus haben, können Sie ersatzweise auch Weizenmehl verwenden. Der Quark-Öl-Teig sollte vor der Weiterverarbeitung mindestens 2 Stunden im Kühlschrank gelagert werden.

Aprikosen-Streusel-Kuchen

Quark-Öl-Teig

Zutaten:

1 unbehandelte Zitrone
200 g Magerquark
120 g Zucker
1 Prise Salz
100 ml Öl
4 EL Milch
350 g Dinkelmehl Type 630
1 Päckchen Backpulver

Für die Füllung:
750 g reife Aprikosen
3 Eier
750 g Magerquark
100 g weiche Butter
150 g Zucker
1 EL Vanillezucker
1 Päckchen Puddingpulver Vanille
1 EL Speisestärke
1 Prise Salz

Für die Streusel:
200 g Dinkelmehl Type 630
80 g Zucker
½ TL Zimt
100 g weiche Butter

Zubereitung:

1. Die Zitrone heiß abwaschen, trocknen und die Schale abreiben. Für den Teig den Quark mit dem Zucker, der Zitronenschale, dem Salz, dem Öl und der Milch mit den Knethaken des Handrührgerätes verrühren.

2. Das Mehl mit dem Backpulver mischen, löffelweise zum Teig geben und unterkneten. Den Teig 2 Stunden kalt stellen.

3. Den Backofen auf 200 °C (Umluft 180 °C) vorheizen. Den Teig auf einer bemehlten Arbeitsfläche ausrollen. Ein Blech mit Butter einfetten und mit dem Teig belegen.

4. Für die Füllung die Aprikosen waschen, trocknen, halbieren und entsteinen. Die Eier trennen. Den Quark abtropfen lassen und mit der Butter, den Eigelben und dem Zucker verrühren. Den Vanillezucker und das Puddingpulver mit der Speisestärke verrühren und unter die Quarkcreme mischen. Die Eiweiße mit dem Salz steif schlagen und unterheben.

5. Die Quarkmasse auf die Teigplatte streichen und die Aprikosenhälften leicht hineindrücken.

6. Für die Streusel das Mehl mit dem Zucker und dem Zimt mischen. Die weiche Butter in Stückchen unterkneten. Die Streusel über den Kuchen streuen. Den Kuchen im Backofen auf der mittleren Schiebeleiste ca. 40 Minuten backen.

Flecken-Kuchen

Rührteig

Zutaten:

250 g weiche Butter oder Margarine
160 g Zucker
1 Prise Salz
4 Eier
50 g Schokoraspel
1 TL Rum

350 g Mehl
1 Päckchen Puddingpulver Schokolade
2 EL Kakaopulver
1 TL Zimt
2 ½ TL Backpulver

Für die Füllung:
500 g Magerquark
3 Becher saure Sahne (à 150 g)
3 Päckchen Puddingpulver Vanille
140 g Zucker
1 Glas Sauerkirschen (720 g)

Außerdem:
Puderzucker zum Bestäuben

Zubereitung:

1. Die Butter, den Zucker, Salz und die Eier schaumig schlagen. Die Schokoraspel und den Rum unterrühren. Das Mehl mit dem Schokoladenpudding, dem Kakaopulver, dem Zimt und dem Backpulver sieben und unter die Eiermasse rühren.

2. Für die Füllung den Quark, die saure Sahne, 1 Päckchen Puddingpulver und 100 g Zucker verrühren. Die Sauerkirschen abtropfen lassen und den Saft auffangen.

3. Mit dem Kirschsaft, dem restlichem Zucker und Puddingpulver einen Pudding kochen und die Kirschen unterrühren.

4. Den Backofen auf 180 °C (Umluft 160 °C) vorheizen. Ein tiefes Backblech mit Backpapier auslegen und die Hälfte des Teigs daraufstreichen. Zuerst die Kirschmasse, dann die Quarkmasse daraufgeben. Den restlichen Teig in „Flecken" darübergeben und auf der mittleren Schiebeleiste ca. 45 Minuten backen.

5. Den Kuchen auskühlen lassen, in Stücke schneiden und mit Puderzucker bestäubt servieren. Nach Wunsch Schlagsahne dazu reichen.

Apfel-Käsekuchen

Hefeteig

Zutaten:

500 g Mehl
1 Würfel Frischhefe oder
1 Päckchen Trockenhefe
100 g Zucker
200 ml Milch
1 Ei
100 g weiche Butter
oder Margarine

Für den Belag:
1,5 kg Äpfel
Saft von 1 Zitrone
5 Eier
750 g Magerquark
200 g Zucker
75 g weiche Butter
1 Vanilleschote
1 Päckchen Puddingpulver
Vanille
50 g Hartweizen-Grieß
4 EL Aprikosenmarmelade

Zubereitung:

1. Das Mehl in eine Schüssel sieben und in die Mitte eine Vertiefung drücken. Die Hefe hineinbröckeln und mit etwas Zucker und etwas lauwarmer Milch zu einem Vorteig verrühren. Abgedeckt an einem warmen Ort ca. 20 Minuten gehen lassen.

2. Die restlichen Zutaten dazugeben, alles zu einem geschmeidigen Teig verkneten und abgedeckt ca. 30 Minuten gehen lassen.

3. Den Teig auf einer bemehlten Arbeitsfläche ausrollen. Ein Backblech einfetten oder mit Backpapier auslegen. Den Teig darauflegen. Den Backofen auf 180 °C (Umluft 160 °C) vorheizen.

4. Für den Belag die Äpfel schälen, entkernen, in Spalten schneiden und mit Zitronensaft beträufeln. Die Eier trennen und die Eiweiße steif schlagen. Die Eigelbe mit dem Quark, dem Zucker und der Butter verrühren. Die Vanilleschote der Länge nach halbieren, das Mark herauskratzen und mit dem Puddingpulver und dem Grieß unter die Quarkmasse mischen. Den Eischnee vorsichtig unterheben und die Masse auf dem Teig verteilen. Die Apfelspalten dachziegelartig auf die Quarkmasse legen.

5. Den Kuchen ca. 40 Minuten im Backofen backen. Noch heiß mit Marmelade bestreichen und abkühlen lassen.

Tipp:

Rhabarber enthält Oxalsäure, die empfindlichen Menschen Magenprobleme bereiten kann. Um das zu verhindern, sollten Sie rotstieligen Rhabarber bevorzugen. Er enthält weniger Oxalsäure als die grünstielige Sorte.

Rhabarberkuchen mit Mandeln

Hefeteig

Zutaten:

150 ml Milch
500 g Mehl
1 Würfel Frischhefe oder
1 Päckchen Trockenhefe
1 TL Zucker
125 g weiche Butter oder Margarine
100 g Zucker
1 Ei
1 Prise Salz

Für den Belag:
1 kg Rhabarber
150 g Zucker
1 EL Mehl
1 Vanilleschote
300 g Crème fraîche
1 Päckchen Puddingpulver Vanille
1 Ei
100 g Mandelblättchen

Außerdem:
Puderzucker zum Bestäuben

Zubereitung:

1. Die Milch für den Teig leicht erwärmen (nicht kochen). Das Mehl in eine Schüssel sieben und in die Mitte eine Mulde drücken. Die Hefe hineinbröckeln und mit 1 TL Zucker und 100 ml lauwarmer Milch zu einem Vorteig verrühren. Mit einem Tuch abgedeckt ca. 20 Minuten an einem warmen Ort gehen lassen.

2. Die restlichen Zutaten zum Vorteig hinzufügen und alles mit den Knethaken des Handrührgerätes zu einem geschmeidigen Teig verarbeiten. Den Teig in einer abgedeckten Schüssel ca. 1 Stunde ruhen lassen.

3. Für den Belag den Rhabarber putzen, waschen und von den äußeren Fäden befreien. In kleine Stücke schneiden und mit 50 g Zucker sowie dem Mehl vermischen.

4. Den Teig auf einer bemehlten Arbeitsfläche in der Größe des Backblechs ausrollen, auf ein mit Backpapier ausgelegtes Blech legen und zugedeckt weitere 15 Minuten an einem warmen Ort gehen lassen. Den Backofen auf 200 °C (Umluft 180 °C) vorheizen.

5. Die Vanilleschote längs aufschneiden und das Mark herauskratzen. Die Crème fraîche, den restlichen Zucker, das Puddingpulver, das Ei und das Vanillemark verrühren.

6. Den Rhabarber auf dem Teig verteilen, die Crème-fraîche-Masse daraufstreichen und mit den Mandelblättchen bestreuen. Den Kuchen ca. 30 Minuten im Backofen auf der mittleren Schiebeleiste backen. Den Kuchen auskühlen lassen und mit Puderzucker bestäubt servieren.

Apfel-Mandel-Schnitten

Hefeteig

Zutaten:

500 g Mehl
1 Würfel Frischhefe oder
1 Päckchen Trockenhefe
100 g Zucker
200 ml Milch
1 Ei
100 g weiche Butter oder Margarine

Für den Belag:
800 g Äpfel
2 EL Zitronensaft
80 g Butter
2 EL Zucker
Bittermandelöl
Zimt
100 g Mandelsplitter
100 g Preiselbeeren

Für die Marzipan-Sahne:
100 g Marzipan-Rohmasse
200 ml süße Sahne
½ Päckchen Sahnesteif
1 cl Cointreau

Zubereitung:

1. Das Mehl in eine Schüssel sieben und in die Mitte eine Vertiefung drücken. Die Hefe hineinbröckeln und mit etwas Zucker und lauwarmer Milch zu einem Vorteig verrühren. Abgedeckt an einem warmen Ort ca. 20 Minuten gehen lassen.

2. Die restlichen Zutaten hinzufügen, alles zu einem geschmeidigen Teig verkneten und abgedeckt ca. 30 Minuten gehen lassen.

3. Den Teig auf einer bemehlten Arbeitsfläche ausrollen und auf ein eingefettetes Backblech legen.

4. Den Backofen auf 180 °C (Umluft 160 °C) vorheizen.

5. Die Äpfel schälen, das Kerngehäuse entfernen und in Spalten schneiden. Die Apfelspalten mit Zitronensaft beträufeln.

6. Die Butter in einer Pfanne zerlassen und den Zucker darin leicht karamellisieren lassen. Die Äpfel und 4 Tropfen Bittermandelöl zufügen und kurz mitdünsten. Die Apfelmasse mit Zimt abschmecken,

auf dem Teig verteilen und mit Mandelsplittern bestreuen. Mit einem Teelöffel kleine Kleckse Preiselbeeren auf den Kuchen geben und ca. 20 Minuten backen.

7. Für die Marzipan-Sahne das Marzipan reiben und kalt stellen. Die Sahne mit dem Sahnesteif aufschlagen, den Cointreau und das Marzipan unterheben und zu dem ausgekühlten Kuchen servieren.

Schoko-Käsekuchen mit Himbeeren

Zutaten:

250 g Zartbitter-Kuvertüre
250 g Butter oder Margarine
150 g Mehl
250 g Zucker
4 Eier

Für den Belag:
Schale von ½ unbehandelten Zitrone
500 g Sahnequark
100 g Zucker
1 Päckchen Vanillezucker
2 Eier
300 g Himbeeren

Außerdem:
einige Himbeeren und Minzeblättchen zum Verzieren

Zubereitung:

1. Den Backofen auf 180 °C (Umluft 160 °C) vorheizen.

2. Für den Teig die Kuvertüre und die Butter in einen Topf geben und bei geringer Hitzezufuhr unter ständigem Rühren schmelzen. Die Mischung vom Herd nehmen und etwas abkühlen lassen.

3. Das Mehl in eine Schüssel sieben und mit dem Zucker vermischen. Die Eier hinzufügen und die Schokoladenmasse unterrühren.

4. Für den Belag die Zitronenschale mit dem Quark vermischen. Den Zucker, den Vanillezucker und die Eier hinzufügen und alles gut verrühren.

5. Ein Backblech mit Backpapier auslegen. Den Teig auf das Blech geben und glatt streichen. Die Himbeeren darauf verteilen und die Käsemasse darüberstreichen.

6. Den Kuchen ca. 30 Minuten backen. Herausnehmen, abkühlen lassen und nach Belieben mit Himbeeren und Minzeblättchen dekorieren.

Flammkuchen

Zutaten:

250 g Mehl
3 EL Olivenöl
1 Eigelb
½ TL Salz

Für den Belag:
2 Zwiebeln
150 g Speck
100 g Crème fraîche

Außerdem:
Rosmarinnadeln zum Bestreuen

Zubereitung:

1. Den Backofen auf 240 °C (Umluft 220 °C) vorheizen.

2. Das Mehl mit dem Öl, dem Eigelb, dem Salz und 100 ml Wasser zu einem glatten Teig verkneten. Den Teig in Folie wickeln und bei Zimmertemperatur etwa 30 Minuten ruhen lassen.

3. Die Zwiebeln abziehen, halbieren und in dünne Scheiben schneiden. Den Speck in feine Streifen schneiden.

4. Den Teig in zwei Hälften teilen und jede Portion auf einer bemehlten Arbeitsfläche zu einem dünnen Fladen ausrollen.

5. Auf den beiden Teigfladen die Crème fraîche verstreichen. Die Teigfladen mit den Zwiebeln und dem Speck belegen und ca. 10 Minuten backen. Mit Rosmarin bestreuen und noch heiß servieren.

Tipp:

Der Zwiebelkuchen kann mit Thunfisch pikant abgewandelt werden. Man gibt dann 1 Dose abgetropften Thunfisch auf den Zwiebel-Schinken-Belag, bevor der Kuchen mit der Eier-Sahne-Masse übergossen wird.

Zwiebelkuchen

Hefeteig

Zutaten:

250 ml Milch
500 g Mehl
1 Würfel Frischhefe oder
1 Päckchen Trockenhefe
½ TL Zucker
80 g weiche Butter oder Margarine
1 Prise Salz

Für den Belag:
1 kg Zwiebeln
200 g roher Schinken
4 EL Pflanzenöl
200 g Frischkäse
2 EL Paniermehl
Salz, Pfeffer

Für den Guss:
3 Eigelb
400 g saure Sahne
150 g geriebener Emmentaler
1 EL gehackte Petersilie
Salz, Pfeffer

Zubereitung:

1. Die Milch leicht erhitzen (nicht kochen). Das Mehl in eine Schüssel sieben und in die Mitte eine Mulde drücken. Die Hefe hineinbröckeln und mit dem Zucker und der Hälfte der Milch zu einem Vorteig verrühren. Mit einem Tuch abgedeckt ca. 20 Minuten an einem warmen Ort gehen lassen.

2. In der Zwischenzeit die Zwiebeln abziehen und klein hacken. Den Schinken in kleine Würfel schneiden.

3. Zum Vorteig die Butter und das Salz hinzufügen und alles mit den Knethaken des Handrührgerätes schnell zu einem geschmeidigen Teig verarbeiten. Weitere 20 Minuten ruhen lassen.

4. Während der Ruhezeit das Öl erhitzen und die Schinkenwürfel dazugeben, kurz anbraten und die gehackten Zwiebeln hinzufügen. Alles gut dünsten, dann mit Pfeffer und Salz abschmecken und abkühlen lassen.

5. Den Hefeteig aus der Schüssel nehmen und auf einer bemehlten Arbeitsfläche mit einem Nudelholz etwa in der Größe des Backblechs ausrollen. Das Backblech mit Butter einfetten oder mit Backpapier auslegen und den Teig darauflegen. Die Ränder leicht hochdrücken, den Teig mit Frischkäse bestreichen und mit Paniermehl bestreuen. Den Teig mit dem Tuch abdecken und weitere 5 Minuten gehen lassen. Den Backofen auf 200 °C (Umluft 180 °C) vorheizen.

6. Nun den abgekühlten Zwiebel-Schinken-Belag auf dem Teig verteilen. Die Eigelbe, die saure Sahne, den Käse und die Petersilie verquirlen. Mit Pfeffer und Salz würzen und auf den Belag gießen.

7. Im Backofen ca. 45 Minuten auf der mittleren Schiebeleiste backen.

Gemüsekuchen „Gärtnerin“

Hefeteig

Zutaten:

375 g Mehl
1 Päckchen Trockenhefe
4 EL Olivenöl
1½ TL Salz

Für den Belag:
2 Möhren
1 Zucchini
1 gelbe Paprika
1 Aubergine
1 Stange Lauch
3 Frühlingszwiebeln

Für den Guss:
½ Bund Petersilie
150 g Crème fraîche
4 Eier
½ TL grob geschroteter bunter Pfeffer
1 Prise Paprika, rosenscharf
1 TL Salz

Zubereitung:

1. Das Mehl und die Hefe in einer Schüssel mischen. 200 ml lauwarmes Wasser, das Olivenöl und das Salz hinzufügen. Mit den Knethaken des Handrührgerätes zu einem glatten Teig verkneten. Zugedeckt an einem warmen Ort ca. 30 Minuten gehen lassen.

2. Das Gemüse waschen. Die Möhren, die Zucchini und die Paprika in dünne Scheiben schneiden. Die Aubergine halbieren und in Würfel schneiden. Den Lauch und die Frühlingszwiebeln in Ringe schneiden. Das Gemüse in kochendem Wasser kurz blanchieren und abtropfen lassen.

3. Den Backofen auf 200 °C (Umluft 180 °C) vorheizen.

4. Den Teig auf einer bemehlten Arbeitsfläche ausrollen, auf ein mit Backpapier ausgelegtes Backblech geben und mit den Händen einen Rand hochdrücken.

5. Die Petersilie waschen, trocknen, die Blättchen abzupfen und fein wiegen.

6. Für den Guss die Crème fraîche mit den Eiern, der Petersilie, dem Pfeffer, dem Paprika und dem Salz verrühren.

7. Das Gemüse auf dem Teig verteilen, den Eierguss darübergeben und im Backofen ca. 30 Minuten backen. Noch warm in Stücke schneiden und servieren.

Tipp:

Bereiten Sie diesen Gemüsekuchen mit Gemüse der Saison zu oder backen Sie ihn mit Gemüse einer Farbrichtung. Sie können z. B. einen „grünen Kuchen" mit Erbsen, Frühlingszwiebeln, Zucchini und grünem Spargel backen oder einen „weißen Kuchen" mit Kohlrabi, Blumenkohl und weißem Spargel.

Erdbeerschnitten

Zutaten:

Für den Mürbeteig:
250 g Mehl
75 g Puderzucker
abgeriebene Schale von
½ unbehandelten Zitrone
1 Päckchen Vanillezucker
1 Prise Salz
1 Ei
150 g Butter oder Margarine
100 g Erdbeerkonfitüre

Für den Rührteig:
150 g weiche Butter oder
Margarine
150 g Zucker
1 Päckchen Vanillezucker
4 Eier
200 g Mehl
½ Päckchen Backpulver
2 EL Kakaopulver

Für den Belag:
1250 g Erdbeeren
250 g Magerquark
160 g Zucker
350 ml süße Sahne
2 Päckchen roter Tortenguss

Zubereitung:

1. Für den Mürbeteig das Mehl mit dem Puderzucker, der Zitronenschale, dem Vanillezucker und dem Salz mischen. Das Ei trennen und das Eiweiß beiseitestellen. Das Eigelb in die Mitte der Mehlmischung geben und die Butter in Flöckchen darauf verteilen. Mit den Knethaken des Handrührgerätes alles zu einem geschmeidigen Teig verkneten. Den Teig in Frischhaltefolie verpacken und ca. 60 Minuten kalt stellen.

2. Den Backofen auf 180 °C (Umluft 160 °C) vorheizen. Ein Backblech mit Backpapier auslegen und den Mürbeteig darauf ausrollen.

3. Den Teig ca. 20 Minuten auf der mittleren Schiebeleiste backen. Etwas auskühlen lassen, auf ein großes Brett legen, das Backpapier abziehen und den gebackenen Teig mit der Erdbeerkonfitüre bestreichen.

4. Für den Rührteig die Butter mit 100 g Zucker und dem Vanillezucker mit den Rührbesen des Handrührgerätes cremig rühren. Die Eier trennen, die Eiweiße mit dem Eiweiß vom Mürbeteig zusammengeben. Die Eigelbe nach und nach unter die Butter-Zucker-Mischung rühren. Das Mehl, das Backpulver und den Kakao mischen, sieben und löffelweise unter den Teig rühren. Die Eiweiße mit dem restlichen Zucker steif schlagen und unterheben.

5. Ein Backblech mit Backpapier auslegen und den Teig darauf verstreichen. Im Backofen bei 180 °C (Umluft 160 °C) ca. 15 Minuten backen. Die Teigplatte auf den Mürbeteig legen und das Backpapier abziehen.

6. Die Erdbeeren waschen, putzen und halbieren. Den Quark und 100 g Zucker mit den Rührbesen des Handrührgerätes aufschlagen.

Die süße Sahne langsam unter den Quark rühren, bis eine sehr feste Creme entstanden ist. Die Creme gleichmäßig auf dem Kuchen verteilen und mit den Erdbeeren belegen.

7. Den Tortenguss mit dem restlichem Zucker nach Packungsanweisung zubereiten und löffelweise über die Erdbeeren geben. Den Kuchen ca. 30 Minuten kalt stellen.

Mandel-Orangen-Streifen

Mürbeteig

Zutaten:

80 g Butter oder Margarine
40 g Zucker
1 Eigelb
125 g Mehl

Für die Mandelmasse:
2 Eier
80 g Puderzucker
½ unbehandelte Orange
30 g Mehl
150 g gemahlene Mandeln
120 g Orangenmarmelade

Für den Belag:
200 g Frischkäse
1 EL Puderzucker

Zubereitung:

1. Die Butter, den Zucker und das Eigelb mit den Rührbesen des Handrührgerätes schaumig rühren. Das Mehl sieben und dazugeben. Alles zügig verkneten, in Folie wickeln und ca. 30 Minuten kalt stellen.

2. Für die Mandelmasse die Eier trennen. Die Hälfte des Puderzuckers mit den Eigelben verrühren. Die Orange heiß abwaschen, trocknen und die Schale abreiben. Den Saft auspressen. Einige Zesten aus der Schale reißen und beiseitestellen. Schale und Saft hinzufügen.

3. Das Mehl und die Mandeln mischen und unterheben. Die Eiweiße mit dem restlichen Puderzucker zu steifem Schnee schlagen und unter die Mandelmasse heben.

4. Den Backofen auf 175 °C (Umluft 155 °C) vorheizen. Ein tiefes Backblech mit Backpapier auslegen.

5. Den Mürbeteig dünn ausrollen und mit einer Gabel mehrmals einstechen. Die Teigplatte so auf das Blech legen, dass eine lange Seite am Rand des Bleches anliegt. Falls das Backblech größer ist, aus Alufolie eine lange Rolle drehen und vor die Teigplatte legen, damit die Mandelmasse nicht vom Teigboden laufen kann.

6. Die Orangenmarmelade glatt rühren und auf dem Mürbeteigboden verstreichen. Die Mandelmasse daraufgeben und glatt streichen. Im Backofen auf der mittleren Schiebeleiste ca. 25 Minuten backen. Den Kuchen nach dem Backen vollständig abkühlen lassen.

7. Für den Belag den Frischkäse mit dem Puderzucker verrühren und auf dem Kuchen verteilen. Mit Orangenzesten garnieren und in Streifen schneiden.

Tipp:

Dieser leckere Kuchen ist vielerorts auch unter dem Namen „Schneewittchenkuchen“ bekannt. Wer das Grimmsche Märchen kennt, weiß auch, wie die Königstochter aussah: „weiß wie Schnee, rot wie Blut und schwarz wie Ebenholz“ – eben ein bisschen wie Buttercreme, Kirschen und Schokoteig …

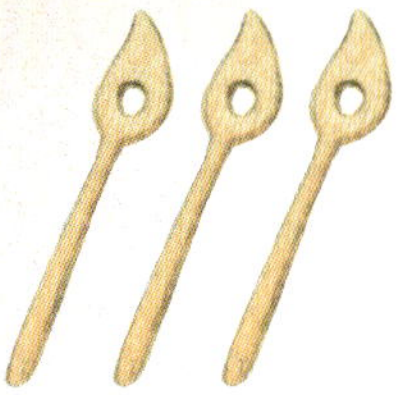

Donauwellen

Rührteig

Zutaten:

250 g weiche Butter oder Margarine
250 g Zucker
5 Eier
275 g Mehl
125 g zarte Haferflocken
1 Päckchen Backpulver
3 EL Kakaopulver
1 großes Glas Sauerkirschen

Für die Buttercreme:

500 ml Milch
1 Päckchen Puddingpulver Vanille
100 g Zucker
250 g weiche Butter
4 EL Zitronensaft

Für die Schokoladenglasur:

200 g Pflanzenfett
100 g klein gehackte Zartbitter-Kuvertüre
100 g klein gehackte Vollmilch-Kuvertüre
3 EL Kakaopulver

Zubereitung:

1. Den Backofen auf 175 °C (Umluft 155 °C) vorheizen.

2. Für den Teig die Butter und den Zucker cremig rühren. Die Eier, das Mehl, die Haferflocken sowie das Backpulver nach und nach dazugeben. Ein Backblech mit Backpapier auslegen und ⅔ des Teigs daraufgeben und glatt streichen.

3. Das übrige Drittel des Teigs mit dem Kakaopulver vermengen und über den hellen Teig geben. Die Kirschen in ein Sieb abgießen, abtropfen lassen und auf dem Teig verteilen, dabei etwas eindrücken. Im Backofen ca. 45 Minuten auf der mittleren Schiebeleiste backen und anschließend abkühlen lassen.

4. Für die Buttercreme 5 EL der Milch abnehmen, das Puddingpulver und den Zucker damit glatt rühren. Die restliche Milch in einem Topf zum Kochen bringen. Anschließend die Puddingmasse einrühren und kurz aufkochen lassen, dann abkühlen.

5. Die Butter und den Zitronensaft cremig schlagen, den Vanillepudding nach und nach unterrühren. Dabei sollten alle Zutaten die gleiche Temperatur haben. Die fertige Buttercreme auf den Kuchen geben.

6. Für die Glasur das Pflanzenfett in einem Topf schmelzen. Die Kuvertüre und das Kakaopulver dazugeben und langsam schmelzen.

7. Die Glasur abkühlen lassen und auf den Kuchen streichen. Den Kuchen in Stücke schneiden und servieren.

Register

Genehmigte Lizenzausgabe
EDITION XXL GmbH
Industriestraße 19
64407 Fränkisch-Crumbach 2015
www.edition-xxl.de

Idee und Projektleitung: Sonja Sammüller
Layout, Satz und Umschlaggestaltung:
design cat GmbH

ISBN (13) 978-3-89736-070-9
ISBN (10) 3-89736-070-5

Bildnachweis
Wir danken folgenden Firmen für ihre freundliche Unterstützung:
Aurora 36–37, 58–59
Peter Kölln KGaA, Elmshorn 76–77
The Food Professionals Köhnen AG, Sprockhövel
– Goldpuder 26, 55, 60, 61, 62–63
– Henglein 64–65, 70–71
Unilever Deutschland GmbH, Hamburg
– Brunch 74–75
– Du darfst 22
– Rama 24–25, 39, 47, 72–73, 78–79
– Sanella 32, 48
Wirths PR GmbH, Fischach
– www.1000rezepte.de 38

Shutterstock: Andrew Scherbackov 4, 5, 14, 15, 17, 18, 19, 21, 22, 23, 24, 26, 27, 28, 31, 32, 33, 34, 37, 38, 39, 41, 42, 43, 45, 46, 47, 48, 49, 50, 53, 54, 55, 57, 58, 60, 61, 62, 65, 66, 67, 68, 71, 73, 74, 76, 79; AnjelikaGr 23; Anna Shepulova 66; Antonino D'Anna 5; CGissemann 19; Charles Brutlag 54; Etitarenko 49; Gow27 14, 15, 16, 18, 19, 20, 22, 23, 25, 26, 27, 29, 3, 32, 33, 35, 36, 38, 39, 40, 42, 43, 44, 48, 49, 51, 52, 54, 55, 56, 59, 60, 61, 63, 64, 69, 70, 75, 77, 78; Joerg Beuge 42; Julia Metkalova 14; kostrez 15; Liliya Kandrashevich 67; Marie C Fields 46; Mila Atkovska 33; Nella 5, 9, 13, 17, 21, 24, 28, 31, 34, 37, 41, 45, 50, 53, 57, 58, 62, 68, 71, 76; Oksana Shufrych 43; Silberkorn 27; Tyler Olson 4

Alle weiteren Fotos: Design cat GmbH